17

TAG DER FREIHEIT 2012

ZEILEN FÜR DIE FREIHEIT

17

Individuelle Freiheitsgedanken
zum Tag der Freiheit
2012

herausgegeben von
Michael von Prollius und Christoph Widenhorn

Originalausgabe
FREIHEITSWERK
Friedrichstraße 60 · 10117 Berlin
Herstellung und Verlag: BoD – Books on Demand
© 2012 bei den Autoren
Alle Rechte vorbehalten.
Umschlag und Layout: Stefan Blankertz
Bild: Bundesarchiv, Bild 175-14676 / CC-BY-SA
Creative Commons-Lizenz Namensnennung-Weitergabe
unter gleichen Bedingungen 3.0
ISBN 978-3-8482-2529-3

INHALT

EINFÜHRUNG

Endlich gibt es einen Tag der Freiheit! Der 17. Juni eignet sich als Feier- und Gedenktag, um eines der wichtigsten Güter in unserem Leben zu würdigen und zugleich bestehende Beschränkungen der Freiheit ins Bewusstsein zu rufen. Freiheit ist ein Wert, ein Prinzip und vieles mehr. Freiheit ist die unerlässliche Voraussetzung für das Leben – für jeden einzelnen Menschen und für das Zusammenleben: Freiheit ist Leben.

Freiheit ist ein gemeinsames Anliegen aller Menschen. Der 17. Juni verbindet weltweit symbolisch viele Ereignisse, in deren Mittelpunkt die Freiheit steht. In den USA kam beispielsweise am 17. Juni 1885 die Freiheitsstaue im Hafen von New York an. Die Freiheitsstatue symbolisiert die von beiden Völkern 1775 und 1789 geforderte und ersehnte Freiheit. In Frankreich erklärte sich am 17. Juni 1789 der Dritte Stand zur Nationalversammlung und beschloss zwei Monate später die Erklärung der Menschen- und Bürgerrechte. In Island ist der 17. Juni Nationalfeiertag, weil sich 1944 die Isländer von der Herrschaft Dänemarks befreit haben.

Es gibt also gute, universelle Gründe, am 17. Juni die Freiheit zu feiern. In Deutschland fand bekanntlich am 17. Juni 1953 ein spontaner Volksaufstand statt. Die erste Massenerhebung gegen ein sozialistisches Regime und für bessere, freiheitlichere Lebensverhältnisse war ein politisches Zeichen für die Völker hinter dem Eisernen Vorhang. Der Aufstand in der DDR wurde von der sowjetischen Besatzungsmacht gewaltsam und blutig niedergeschlagen, die Sehnsucht nach Freiheit blieb. Es folgten weitere Aufstände wie der Prager Frühling

1968 und die Streiks in Danzig 1980, zuletzt die Freiheitsrevolution 1989/90.

Der 17. Juni 1953 zählt zu den drei herausragenden deutschen und europäischen Revolutionen gegen Unterdrückung und Unfreiheit – neben 1848/49 und 1989/90.

Am 3. Juli 1953 erklärte der Deutsche Bundestag den 17. Juni zum „Tag der deutschen Einheit" und gesetzlichen Feiertag. Durch den Vertrag zur deutschen Wiedervereinigung wurde 1990 stattdessen der als Feiertag die Menschen weniger berührende 3. Oktober zum Tag der Deutschen Einheit bestimmt, der Tag an dem der Beitritt der DDR zur Bundesrepublik Deutschland wirksam wurde.

Wir möchten unabhängig von gesetzlichen Feiertagen den 17. Juni als Tag der Freiheit etablieren.

Der 17. Juni ist ein Symbol dafür, dass das Freiheitsstreben des Menschen durch keine noch so große Macht und durch keine Form von Gewalt besiegt werden kann. Er steht auch stellvertretend für die weltweiten, auf den ersten Blick vielfach erfolglosen Kämpfe für die Freiheit: für den Warschauer Aufstand wie den Amerikanischen Unabhängigkeitskrieg, den Kampf gegen die Apartheid wie die Deutsche Revolution von 1848, aber auch für das Aufbegehren der Völker in jüngster Zeit in der Ukraine, im Iran oder in Nordafrika und Nah-/Mittelost.

Auch wenn die gesellschaftliche Freiheit sich heute oft nur innerhalb bestehender Grenzen von Nationen verwirklichen lässt, ist der Tag der Freiheit ein weltweit verbindender und nicht nur national beschränkter Tag. Deshalb wollen wir jeweils am 17. Juni

1. die Freiheit feiern,
2. uns derer erinnern, deren unermüdlichem Einsatz wir die bereits erhaltene Freiheit verdanken,
3. den Blick darauf lenken, wie heute noch Regierungen mit unterschiedlichen Begründungen die Freiheit ihrer Bürger beschneiden,
4. all derer gedenken, die nicht in Freiheit leben und für diese Freiheit oft unter Einsatz ihres Lebens kämpfen,
5. jeden dazu aufrufen, seine Freiheit jeden Augenblick zu leben, zu verteidigen – sich über die verfügbare Freiheit zu freuen und für mehr Freiheit einzusetzen.

Das Freiheitswerk (www.freiheitswerk.org) hat zum Tag der Freiheit die Aktion „17 Zeilen für die Freiheit" ins Leben gerufen. Die nachfolgenden 17 Einsendungen von Teilnehmern des Tags der Freiheit sind im 17-Zeilen-Format zuerst im Internet (http://tag-der-freiheit.org/) veröffentlicht worden; sie geben einen Eindruck von der Vielfalt der Perspektiven auf die Freiheit und die damit verbundenen Empfindungen. Sie reichen vom Aufstand für und Mut zur Freiheit, über Freiheit und Lebensfreude, bis zu den Verflechtungen von Freiheit mit Eigentum und Recht, Bildung und Wohlstand. Aufgeführt sind zusätzlich drei längere Beiträge.

Möge die Freiheit mit Ihnen sein, liebe Leser. Diese kleine Freiheitsinspiration kann Sie begleiten und inspirieren, auch für den nächsten Tag der Freiheit.

Berlin, im August 2012

MICHAEL VON PROLLIUS UND
CHRISTOPH WIDENHORN

EIN AUFSTAND FÜR DIE FREIHEIT

Der 17. Juni 1953: Ein Aufstand für die Freiheit.

Nicht „Der Tag des Deutschen Bades", kein „stiller Gedenktag".

Mehr als ein Protest gegen Erhöhung der Normen.

Ein schallender Ruf nach Freiheit:

„Kollegen, reiht euch ein, wir wollen freie Menschen sein!"

Ein Protest gegen ein System staatlicher Volksbeglückung

Ein Aufstand in der Reihe der in der deutschen Geschichte seltenen Revolutionen:

1848, 1948, 1953 und 1989.

Ein Symbol, dass „Pulver und Blei" Freiheit nicht ewig unterdrücken können.

Ein Bekenntnis des Willens zur Einheit und zum Aufstand gegen Gewaltherrschaft und für Menschenrechte, vollendet mit der friedlichen Revolution im Herbst 1989.

Mahnung und schmerzliche Erkenntnis zugleich, dass Freiheit nicht „umsonst" ist,

Freiheit Opfer fordert, immer wieder erkämpft und gelebt werden muss,

auch, wenn – wie in der EU – auf dem Weg in die Knechtschaft keine Ketten rasseln,

die Verstaatlichung der Gesellschaft am „goldenen Zügel" stattfindet.

Ein Vermächtnis und bleibende Aufgabe, Recht und Freiheit zu bewahren und künftigen Generationen weiter zu geben.

THOMAS DORENBURG

FREIHEIT IST DER SCHLÜSSEL FÜR LEBENSFREUDE

Freiheit ist Voraussetzung für Leben – Freiheit ist der Schlüssel für Lebensfreude! Lebensfreude macht das Leben lebenswert. Ihre Quellen sind vielfältig - jeder empfindet individuell Lebensfreude. Über manches kann man sich kollektiv freuen. Wir teilen und schenken Freude, freuen uns mit anderen, aber Freude entspringt aus unserem Innersten.

Freiheit bedeutet Vielfalt. Freiheit beinhaltet Wahlmöglichkeiten. Freiheit ist vor allem Freiheit zu handeln, zu entscheiden. Ohne Freiheit ist Leben zwar möglich, in Gefangenschaft, stumpfer Abhängigkeit, aber nur als vegetieren. Erst Freiheit ermöglicht Lebenschancen. Das Leben bietet viele Chancen. Manchem fallen sie in den Schoß, andere müssen sie sich erarbeiten. Selten bedeuten Chancen einfach Lebensfreude. Aber Lebensfreude scheint ohne Freiheit chancenlos zu sein.

Die proportionierlichste Bildung der Kräfte setzt selbstbestimmtes Handeln voraus. Lieber selbst denken, selbst handeln, selbst erfolgreich sein und zuweilen scheitern, als andere verantwortlich machen. Ich bin ein freier Mensch, wenn ich mir meine Freiheit nehme, wenn ich anders und unabhängig von anderen bin, gerade geistig. Also: Freiheit leben! Jetzt!

MICHAEL VON PROLLIUS

17 INTERROGATIVE FREIHEITSKOMMENTARE

01. Basiert Freiheit auf Eigentum oder Eigentum auf Freiheit?

02. Mein Haus, mein Kopfschmerz, mein Körper – zeigt „mein" stets Eigentum an?

03. Wer hat - mit welcher Begründung - die Beweislast: wer für oder wer gegen die Freiheit ist?

04. Ist frei oder unfrei, wer staatlich gesetzen Anreizen folgt?

05. Hebt nicht die Zustimmung zu Herrschaft ihren Zwangscharakter auf?

06. Ist die Drohung mit postmortalen Übeln eine Form priesterlicher Herrschaftsausübung?

07. Ist die Verheißung von postmortalem Glück eine Form priesterlicher Herrschaftsausübung?

08. Beugt man jemandes Willen, wenn man ihm Angenehmes oder Unangenehmes in Aussicht stellt?

09. Gibt es eine scharfe Grenze zwischen Erziehung und Indoktrination?

10. Kann man sich selbst Zwang antun?

11. Gibt es ein Zwangsmoment in der *„Political Correctness"*?

12. Gibt es ein Zwangsmoment in moralischen Vorhaltungen?

13. Ist Intoleranz nie freiheitsfeindlich und daher stets zu tolerieren?

14. Ist das Nebeneinander von starken und schwachen Persönlichkeiten freiheits(ir)relevant?

15. Ist die zwangsfreie Ausnutzung psychologischer Gesetze freiheitsunbedenklich?

16. Was kann man der Angst vor der Freiheit wirksam entge-
gensetzen?
17. Müssen Libertäre nicht einen Klassenkampf – gegen die
Nettostaatsprofiteure – führen?

EDITH PUSTER

WOHER KOMMT DIE FREIHEIT?

Woher kommt uns, die wir uns auch als Biomaschinen im naturgesetzlich geregelten, physikalisch-chemischen Kosmos beschreiben, die Freiheit, wie wir die Möglichkeit zu wählen nennen? Sie erscheint uns in der bewußten sprachlichen Reflexion. Ist sie in jedem Zustand der Biomaschine Mensch möglich? Sie ist in der physiologischen Verhaltensdisposition möglich, in der wir von den reflexhaften Gewißheiten loslassen und die Legitimität von uns selbst, die der anderen und die der Umstände, die wir mögen oder nicht und ggf. ändern wollen, akzeptieren. Eine physiologische Verhaltensdisposition nennen wir auch Gefühl und die genannte spezielle Liebe. Vernunft mag hilfreich sein, wenn sie unsere Gefühle leitet. Um den psychischen Beziehungsraum zu ändern bedarf es jedoch einer Änderung der Gefühlslage. Unsere Art des Inbeziehungssetzens und des Lebens mit anderen im Sinne einer Zunahme von Freiheit, Frieden und Wohlstand kann sich nur ändern durch eine beabsichtigte Feststellung unserer Würde als Resultat unseres reflexiven Bewußtseins unseres Gefühls von Respekt und Akzeptanz gegenüber uns selbst und gegenüber unseren Mitmenschen. Ohne Liebe, die wir auch als Lebensfreude wahrnehmen, gibt es also keine emotionale Öffnung, um in Verantwortung und Freiheit zu handeln.

CHRISTOPH ZIMMER,
inspiriert von Humberto Maturana

DAS ICH BESTIMMT SICH SELBST

Das Streben nach Freiheit beruht auf dem Gefühl, ein in sich selbst gegründetes Ich zu sein, dessen Sein sich nicht von anderem herleitet. Alle Dinge und Wesen, die ihm als Nicht-Ich gegenüberstehen, können das Ich nicht hervorbringen oder sonstwie in seiner inneren Existenz bedingen. Das Ich ist unbe-dingt, es kann kein Ding, kein Objekt sein, weil es sonst ein Nicht-Ich wäre. Das Ich wird in seinem Sein nicht von anderem bestimmt, es bestimmt sich selbst. Darin besteht seine Freiheit und Würde. (Schon das Wort Ich kann mich von außen nicht benennen.)

Der Mensch darf somit niemals als Ding, als Objekt betrachtet werden, da er damit als Nicht-Ich behandelt und als sich selbst bestimmendes Ich missachtet und gedemütigt wird. Er strebt daher danach, sich von allen Bestimmungen durch ein Anderes frei zu machen. Schon seine Gefühle, Triebe und Leidenschaften, die er sein nennt, sind nicht er selbst und dürfen ihn nicht bestimmen. Allein das, was er selbst in innerer Freiheit als wahr erkennt, darf sein Handeln leiten. Daher sagte Der, dessen Initialen merkwürdigerweise das Wort ICH bilden: „Ihr werdet die Wahrheit erkennen und die Wahrheit wird euch frei machen.“

HERBERT LUDWIG

FREIHEITSBILDUNG

1953 waren die Fronten und die Ziele klar. Doch wo verlaufen sie heute? Zwar ist längst bekannt, dass der schulische Anwesenheitszwang mit der Freiheit der Person, der Bildung, der Gemeinschaft unvereinbar ist – und was stattdessen Freiheit bedeutet: Für die einzelne Person das Recht, sich nach eigenen Gegebenheiten zu bilden; für die Bildung statt einer in Schule gepressten Mastkost eine Vielfalt, Tiefe, Ernsthaftigkeit; für eine Gemeinschaft das Sich-Zurückholen des genuinen Selbstverständnisses, sich frei zu bilden.

Allein woher soll die ersehnte Freiheit kommen und sogar Bestand haben können, wenn ein so sensibler Bereich wie der, sich zu bilden, besetzt und zur Zwangsveranstaltung verfremdet wird; und wenn die zuvörderst betroffenen Menschen, die millionenfachen Schüler, mit der schizoiden Diktion aufwachsen, dass die faktische Unfreiheit ihre Freiheit sei, bis sie gar die schulische Zwangsbeglückung verinnerlichen?

Aber, wer weiß; jener eine Mensch, der unerschrocken für seine Freiheit eintritt und konsequent „Nein, danke!" sagt, der eben so frei ist, sich auch frei zu bilden, könnte der sein, der aus den (schul-)institutionellen Panzerungen ausbricht.

BERTRAND STERN

WER WAGT DEN SCHRITT IN DIE FREIHEIT?

Um nach Freiheit zu streben, müssen wir erst einmal erkennen, wie unfrei wir sind. Unfrei in einer Gesellschaft, in der immer mehr und mehr (institutionelle) Netzwerke gesponnen werden – Netzwerke, die uns nicht als ganze Person brauchen oder wollen, sondern nur einen Teil von uns. Netzwerke, von denen wir irrtümlicherweise glauben, dass sie echte Gemeinschaften ersetzen können – Gemeinschaften, in denen wir uns als ganze Menschen begegnen können - und wollen! Als ganze Menschen werden wir geboren – „ganz" im Sinne des vollkommenen, bedingungslosen Menschseins, welches durch die natürlichen Eigenschaften der sozialen Kompetenz und der Fähigkeit, sich zu bilden, gekennzeichnet ist. Aber wir wachsen nicht auf als ganze Menschen. Als unfertig angesehen, als zu formende, zu belehrende, zu erziehende Objekte, durchlaufen wir unsere ersten Lebensjahre in einem System, das die Vorstellung hegt, wir müssten erst noch zu ganzen Menschen gemacht werden! Ganz in diesem Sinne steht unser Netzwerk Schule – eine unfreiwillige Veranstaltung, die nicht nur die Freiheitsrechte der Person verletzt, sondern die auch der angeborenen Eigenschaft des Menschen, sich zu bilden, widerspricht. Freiheit erfordert Mut. Die Angst vor der Freiheit ist mächtig. Niemand hat Angst, wenn er sich in der sicherheitsspendenden Unfreiheit befindet – ein trauriger Grund, warum er den Schritt in die Freiheit nicht wagt. Wer wagt, sich dieser Unfreiheit bewusst zu werden, und den Schritt in die Freiheit?

FRANZISKA KLINKIGT

DIE FREIHEIT IST
AUF DER STRASSE

Die Freiheit ist auf der Straße. Sie kann laut sein, gefährlich der Verkehr. Das Licht blendet, die Sonne verbrennt vielleicht Deine Haut. Du atmest die Abgase und hoffst, dass sie Dich nicht krank machen. Die Freiheit riecht nicht immer gut. Manchmal sieht sie hässlich aus, ungewaschen, ihre Kleider zerschlissen.

Die Freiheit lebt im Überfluss, aber sie fördert die Bettler. Was wir schön finden, liefert sie nicht freiwillig. Wo sie keine Ampeln aufstellt, da pass auf, wo Du hingehst. Du kennst die Menschen nicht, denen Du begegnest. Der Freiheit ist es egal, ob Du die Anderen verstehst. Pass auf Dein Geld auf, Du brauchst es immer, aber mancher will es dir wegnehmen. Versichere Dich, misstraue dem Leben, es könnte Dich nicht lieb haben. Frag zweimal nach dem Weg. Sei dir sicher, dass Du weißt, wo Du hingehen musst. Liebe Deine Nächsten, aber schließe nicht aus, dass sie weggehen oder vor Dir sterben. Lebe jetzt, denn der nächste Augenblick könnte Dein Feind sein.

Und der Bunker Dein Freund. Kein Laut, kein Licht, die Du nicht wolltest. Jeder Quadratmeter Ort Deiner Gestaltung. Nur Menschen, die Du bei Dir sein lässt. Kein Geruch, kein Geschmack, die stören. Kein Essen, das Du nicht bestellt hättest. Kein Wasser, das nicht Deine Temperatur hätte, kein Luftzug, der Dir nicht gehorchte. Schließe Türen und Fenster! Wirf den Schlüssel weg! Was brauchst Du die Freiheit!

MANFRED WICHMANN

FREIHEIT UND WOHLSTAND

Freiheit und Wohlstand sind universell geteilte Werte. Zwar ist sich die Menschheit nicht immer einig über deren genaue Definition, doch der Kampf gegen repressive Obrigkeiten und ausbeuterischen Zwang zieht sich wie ein roter Faden durch unsere Geschichte. Trotz aller Rückschläge. Doch manchmal wird erklärt, der Wohlstand für die Massen sei nur durch Planung und Zwang gegen den individuellen Willen zu erreichen. Manchmal wird auch erklärt, wer reich sei, könne nicht mehr frei sein. Die Erfahrung armer und unfreier Menschen spricht eine andere Sprache.

Die Logik zeigt: Der freiwillige Tausch zwischen zwei Individuen ist zum Vorteil beider – sonst fände er nicht statt. Der unfreiwillige Tausch ist zum Nachteil des Beraubten – sonst könnte er freiwillig stattfinden. Und die Erfahrung zeigt: Wohlstand herrscht in Ländern, die Freiheit, Rechtsstaatlichkeit und Marktwirtschaft gewähren. Armut herrscht, wo Unfreiheit, Willkür und Kommandowirtschaft den bitteren Alltag prägen.

Wer Freiheit lebt, wird Wohlstand ernten. Doch würde die Unfreiheit – entgegen aller historischen Erfahrung und entgegen aller Logik – mehr Wohlstand als die Freiheit versprechen: Würden Sie Ihre Freiheit opfern, um reich zu sein?

KALLE KAPPNER

FREIHEIT – KEINE DEFINITION

17 Zeilen über Freiheit – so wenig und zugleich so viel sagen über Freiheit?

Ist Freiheit ein Begriff

ein Gedanke

ein Gegenstand

ein Zustand

ein Tun

ein Sein

ein Werden

ein Haben?

Warum lässt sich Freiheit scheinbar nur als Verneinung ihres Gegenteils sprachlich bestimmen?

Weil jede Definition von Freiheit aporetisch ist.

Ich kann mich nur mit Händen und Füßen dagegen wehren, einen Versuch zu wagen, Freiheit zu definieren.

Denn die Definition ist schon das Gegenteil von Freiheit, ist Begrenzung und Festlegung, Anmaßung, Überheblichkeit, Gleichmacherei und Fremdbestimmung.

Ich wär gern frei, bin es aber nicht, vielleicht werden wir es – irgendwann?

RITA QUASTEN

MUT ZUR FREIHEIT

Was es bedeutet, in Unfreiheit zu leben, einer Diktatur ausgeliefert zu sein, dieses Leben und Sterben von Menschen, die zum Opfer von Ideologien wurden, das habe ich erlebt und führte zu meiner Überzeugung und auch Erfahrung: Ohne Freiheit gibt es keine lebenswerte Zukunft. Aber Freiheit gibt es nur mit Menschen, die sich für eine freie Gesellschaft einsetzen und denen bewusst wird, sich von der Vormundschaft des Staates zu emanzipieren, um mündige Bürger zu werden. Dann besitzen sie auch die Chance für Organisationsformen entsprechend ihren Bedürfnissen und Interessen. Herrschaft beruht auf Anerkennung, auf der Akzeptanz der Bürger und auch schlicht darauf, dass Menschen glauben, der Staat könnte für sie besser sorgen, als sie für sich selbst. Das ist ein Irrtum! Und ich hoffe und wünsche, unseren Kindern und Enkeln bleibt dieser Irrtum erspart. Was ich mir wünsche, wäre mehr Selbstbewusstsein, mehr Eigenverantwortung und mehr Selbstbestimmung in allen Lebensbereichen. Und dazu gehört Entmonopolisierung bei der Zwangsbesteuerung, der Währung, im Schul-Erziehungswesen und auch im Gesundheitswesen. Freiheit könnte auch soziale Dimensionen bieten, wie man sie sich gar nicht vorzustellen vermag. Weil aber der Etatismus immer zum Scheitern verurteilt ist, könnten sich enttäuschte und verbitterte Menschen wieder für rechte und linke Ideologien entscheiden, wieder dem Wahn des Etatismus zum Opfer fallen. Daher brauchen wir dringender denn je den Mut zur Freiheit, der auch der Mut zum Leben ist.

UWE TIMM

WAS IST FREIHEIT?

Freiheit zu beschreiben, das ist auch ohne die Begrenzung auf 17 Zeilen kein leichtes Unterfangen. Denn Freiheit ist für jede und jeden etwas anderes. Der Rückzug auf die recht formale Definition als Abwesenheit von Zwang mag theoretisch hilfreich sein. Aber eine Theorie bringt kaum jemanden zum Schwärmen. Doch genau das hat die Idee der Freiheit immer wieder vermocht. Freiheit kann begeistern. Um sich von dieser Begeisterung anstecken zu lassen, braucht man nur etwas Phantasie, die Vorstellung, was Freiheit für das eigene Leben bedeuten, ermöglichen, erlauben kann.

Vielleicht sollten wir uns Freiheit deshalb ein bißchen so vorstellen wie eine Kristallkugel, die zwar allgemein als etwas Besonderes gilt, in der aber doch jeder Mensch etwas anderes erblickt – zeigt sie doch allen ihr je eigenes Glück und die je eigene Zukunft. Aber was an der Freiheit noch viel besser ist als an der Kristallkugel: in Freiheit können wir unserem Glück und unserer Zukunft nicht nur zuschauen, sondern sie leben.

DAGMAR SCHULZE HEULING

EIGENTUM UND FREIHEIT

Ein wesentlicher Bestandteil der Freiheit ist das private Eigentum. Eigentum und Freiheit hängen zusammen: Freiheit ermöglicht Eigentum, führt zu Eigentum, und Eigentum verschafft mehr Freiheit. Eigentum ist Bestandteil der Freiheit, denn zur Freiheit gehört, dass man frei darin ist, Eigentum zu erwerben, zu mehren, wegzugeben und zurückzuverlangen, wenn es widerrechtlich weggenommen wurde. Freiheit und Eigentum ergänzen einander, stärken sich gegenseitig: Freiheit wird durch Eigentum gefestigt, und Eigentum weitet die Freiheit aus, macht den, der über Eigentum verfügt, freier. Wer für Freiheit eintritt, sollte daher auch immer für Eigentum eintreten. Eigentum sollte Bestandteil der Freiheit immer sein, Freiheit das Eigentum immer umfassen, immer ermöglichen.

Menschen, die frei sind und Eigentum haben, sind bereiter, von sich aus mehr zu leisten. Das geschieht zwar aus Eigennutz, setzt sich insgesamt aber um in Gemeinnutz, in Nutzen für die Allgemeinheit. Man kann daher für Freiheit und Eigentum eintreten, weil sie sich für eine Gesellschaft, für ein Staatswesen als nützlich erweisen. Besser wäre es allerdings, man träte für sie nur um ihrer selbst willen ein, für Freiheit und Eigentum als Werte an sich, weil sie gerade für die Menschen einen Eigenwert haben. Folglich muss man um der Menschen willen für Freiheit und Eigentum eintreten.

KLAUS PETER KRAUSE

MEINE BEIDEN KLASSIKER

Friedrich August von Hayek beginnt „Die Verfassung der Freiheit" (1960) mit einem Zitat von H. B. Phillips: „Unsere Einstellung zu dieser Frage muss davon abhängen, ob wir die Zivilisation als etwas Gegebenes oder als etwas sich Entwickelndes betrachten. In einer fortschreitenden Gesellschaft verhindert jede Beschränkung der Freiheit die Zahl der Dinge, die versucht werden, und damit die Geschwindigkeit des Fortschritts. In einer solchen Gesellschaft wird dem Einzelnen Handlungsfreiheit gewährt, nicht weil ihm dies größere Befriedigung gibt, sondern weil er, wenn er seinen eigenen Weg gehen darf, den Übrigen im Großen und Ganzen besser dienen wird, als wenn er nach irgendwelchen Befehlen handelte, die wir ihm zu geben wüssten."

Das Problem ist nicht, wer über wen herrscht, sondern wie viel Herrschaft die Herrschenden überhaupt ausüben dürfen. Auch reine Demokratie ohne Beschränkungen staatlichen Handelns tendiert grundsätzlich zur Unterdrückung, zur totalitären Demokratie, zur Diktatur der Demokratie.

Mein zweiter Klassiker ist Viktor Frankl:

Mensch sein ist Freiheit und Verantwortung.

Du hast immer die Wahl.

Die Konsequenzen sind die Kinder der Wahl.

Das ist unternehmerisches Selbstverständnis.

HELFRIED SCHMIDT

RECHT UND FREIHEIT

Die individuelle Freiheit für alle Bürger eines Gemeinwesens kann nur durch die Herrschaft des Gesetzes geschützt werden, nicht durch die Herrschaft von Menschen über Menschen. Durch allgemeine und abstrakte Regeln soll sichergestellt werden, dass jeder Mensch unabhängig von der nötigenden Willkür durch andere Menschen leben kann. Der Staat hat nach Kant deshalb eine Vereinigung von Bürgern unter Rechtsgesetze zu sein, durch die die gleiche Freiheit für alle gesichert werden soll. Das Recht ist mit der Befugnis zur Anwendung von Zwang verbunden und nur der Staat hat das Recht zur Ausübung von Zwang. Aber er hat es auch nur, um eine „Verfassung von der größten menschlichen Freiheit nach Gesetzen" zu errichten und zu sichern, „welche machen, dass jedes Freiheit mit der andern ihrer zusammen bestehen kann (nicht von der größten Glückseligkeit, denn diese wird schon von selbst folgen)" (Kant). Denn „Wohlfahrt … hat kein Prinzip, weder für den, der sie empfängt, noch der sie austeilt (der eine setzt sie hierin, der andere darin); weil es dabei auf das Materiale des Willens ankommt, welches empirisch und so der Allgemeinheit einer Regeln unfähig ist". Deshalb kann in Ansehung der Wohlfahrt oder des Glücks „gar kein allgemeingültiger Grundsatz für Gesetze gegeben werden". Kein Mensch, keine Gruppe, kein Staat und keine noch so demokratisch gewählte Mehrheit haben deshalb das Recht, Menschen zu zwingen, auf eine bestimmte Art und Weise glücklich zu sein.

NORBERT F. TOFALL

26

FREIE FAHRT FÜR FREIE KATZEN

Mit Freude erinnere ich mich an einen Artikel in der FAZ unter dem Titel „Bald freie Fahrt für freie Katzen".

Es ging um den Binnenmarkt. Wir hätten ihn lieber innereuropäischen Freihandel nennen sollen. Vielleicht hätte man sich dann auch für außereuropäischen Freihandel eingesetzt. So hätte die Idee des Freihandels nicht ihre Bedeutung verloren. Denn sie war einst schönstes Herzstück der EU. Und heute?

Nun haben wir keine innereuropäischen Zollschranken, doch Freihandel schon lange nicht mehr. Stattdessen haben wir durch die EU errichtete qualitative Handelsschranken zwischen jedem ihrer Bürger.

Was einmal mit besonders gekrümmten Gurken und bestimmten Bananengrößen anfing, hat sich zu einem Handelsverbot von Glühbirnen bestimmter Stärken ausgewachsen. Vor dem Handel mit tausenden von anderen Waren schützt uns inzwischen die EU. Sie nennt es Verbraucherschutz. Doch es geht in Wahrheit um nichts anderes als um Vorschriften, welche Waren wir tauschen dürfen. Waren dürfen nicht von Hand zu Hand gehen.

Nun reißen die Innenminister auch noch Schengen ein.

Wann dürfen wir uns nicht einmal mehr die Hände reichen?

DIRK FRIEDRICH

ICH BIN EIN INDIVIDUUM

Seinen Willen zur Freiheit bezeugen zu müssen, ist, als müsse man seinen Willen zu leben bezeugen.

Ich atme, ich denke, ich lebe, ich existiere. Ich denke, also bin ich – ich bin, also lebe ich.

Mein Leben gehört mir, mir allein.

Das Eigentum an meinem Leben ist meins. Niemand sonst besitzt das Eigentum an meinem Leben.

Niemand sonst besitzt das Eigentum an dem, was ich mit meinem Leben anstelle, was ich mit der Kraft meines Körpers und der Kraft meines Geistes erschaffe.

Ich bin auch ein Gemeinschaftswesen, ich kann nicht leben ohne das Leben anderer.

Sie alle haben das gleiche Recht auf Leben wie ich.

Sie alle haben das gleiche Recht auf Eigentum an ihrem eigenen Leben wie ich.

Unsere Gemeinschaft besteht aus unserer freiwilligen Interaktion, unserem freiwilligen Tausch.

Wir bilden eine Gemeinschaft, indem wir unser individuelles Leben gegenseitig ehren, uns nicht gegenseitig zwingen.

Indem wir unser Recht respektieren, unser eigenes Leben nach unseren eigenen Vorstellungen zu leben.

Auf freiwilligem Tausch basiert eine freie Gesellschaft.

Nur in einer freien Gesellschaft basiert unser eigenes Glück auf der Erfüllung des Glücks anderer.

Nur in einer freien Gesellschaft, in einer Gesellschaft ohne Zwang, kann ich ein freies Leben führen und glücklich sein.

JULIAN SCHWIDERSKI

SIEBZEHN THESEN ZUR FREIHEIT
von PHILIPP BATTHYÁNY

I. Deskriptiver Teil

1. Jedes gesprochene, geschriebene und jedes gedachte Wort über die Freiheit ist ein Freiheitsbeweis im Vollzug.

2. In der Frage, was Freiheit sei, ist Freiheit selbst schon angelegt – denn Freiheit hat zur Voraussetzung: Möglichkeit,

3. weshalb sie auch die Möglichkeit ihres Mißverstehens und ihrer Verfehlung und die Möglichkeit der Wahl der Unfreiheit beinhaltet.

4. Wahrer oder falscher Individualismus (Hayek), wahre oder falsch verstandene Aufklärung (Jaspers), zutreffende oder irrende Freiheitsbegriffe waren seit Menschengedenken niemals beschränkt auf das Reich von Ideen und Theorien, sondern in ihrer praktischen Wirkmacht grundlegend für Gedeihen und Niedergang ganzer Gesellschaften und Kulturen. Im Freiheitsverständnis liegt der Keim für die Entfaltung der schöpferischen Kräfte der Zivilisation ebenso wie im Falle ihres Mißverstehens ihrer Hemmung bis hin zu ihrer gewaltvollen Unterdrückung.

5. Unter Freiheit sei verstanden – als innere Freiheit: Die Freiheit des einzelnen Menschen, in den ihm gegebenen Situationen seines Schicksals vermittels seiner eigenen Entschlüsse das ihm bestimmte Leben als ein selbstbestimmtes zu führen.

6. Unter der äußeren Freiheit sei verstanden: die Freiheit, unbehindert von willkürlichem Zwang und Gewalt durch andere Menschen dem eigenen Willen nach zu handeln. Im Verständnis des Begriffs der inneren Freiheit ist der Mensch Freiheit, im

Verständnis des Begriffs der äußeren Freiheit hat er bzw. ist im Besitz seiner Freiheit.

7. Die äußere Freiheit ist die Freiheit im materialen Rechtsstaat, der selbst an allgemeine und abstrakte Regeln des Naturrechts im ursprünglichen Verständnis des Naturrechtsbegriffs gebunden ist und diesen allgemein und frei von einem Einzelwillen Durchsetzung verschafft. Sie ist verwiesen an ein wundersam anmutendes Paradoxon: Sie ist Ausdruck der Natur des Menschen und ist doch als Voraussetzung der Verwirklichung der Natur des Menschen nur haltbar als Kulturzustand.

8. Der innere Freiheitsbegriff ist im wesentlichen ein materialer Freiheitsbegriff, denn er bestimmt Freiheit positiv und zugleich streng subjektiv, er bildet die Antwort auf die Leitfrage: „zu was bin ich frei?", er gibt der je eigenen Freiheit des Menschen innere Richtung und beantwortet die Frage nach ihrem Sinn; der äußere Freiheitsbegriff ist im wesentlichen ein streng formaler Freiheitsbegriff, denn er bestimmt Freiheit negativ und zugleich objektiv. Die äußere Freiheit wird als negativ definierte Freiheit positiv erst durch den Gebrauch, den jeder einzelne freie Mensch von ihr macht.

9. Innere (materiale) und äußere (formale) Freiheit verhalten sich zueinander wie die freiheitsbedingende Grundaussage: Alle Menschen sind darin gleich, einander ungleich zu sein.

10. Innere und äußere Freiheit verhalten sich zueinander wie das in der Natur des Menschen angelegte Streben nach Sinn und das Streben nach Wohlstand.

11. Allein die Durchsetzung, Erhaltung und Pflege der äußeren Freiheit kann und muß Aufgabe des Rechtsstaates und der Bemühungen des Gemeinwesens sein.

II. Normativer Teil

12. Wo jegliche Grundhaltung der Offenheit und des Wollens der Freiheit, wie sie im wesentlichen aus dem Bewußtsein und dem Streben innerer Freiheit hervorgeht, vollständig abhanden gekommen ist, ist es fraglich, ob die Werte- und Rechtsordnung äußerer Freiheit dauerhaft von Bestand sein kann.

13. Wo die äußere Freiheit des Menschen dauerhaft durch Willkür, Zwang und Gewalt unterdrückt wird, erlahmen die schöpferischen Kräfte der Zivilisation. Es läßt sich sagen: wie die allmähliche – und weitgehend unintendierte – Entwicklung der Zivilisation die Freiheit hervorgebracht hat, so hat sie zugleich die Freiheit zur Bedingung.

14. Je weiter und dauerhafter der äußeren Freiheit Entfaltung gewährt wird, um so größer werden ihre Früchte und Errungenschaften werden, und um so größer wird das Arsenal an Mitteln der Feinde der Freiheit, durch Mißbrauch der Früchte und Errungenschaften der Freiheit die Freiheit aufzuheben.

Aus diesem Grunde ist die Reichweite der Auslöschung des Menschen und seiner Freiheit – seiner inneren und seiner äußeren Freiheit – durch den Totalitarismus mit jeder Dekade des Menschen in Freiheit seit Beginn der Neuzeit exponentiell gewachsen und wächst fortwährend exponentiell weiter.

Aus diesem Grunde ist die Verteidigung der Freiheit eine nie endende, im Gegenteil ständig wachsende Aufgabe.

15. Die Freiheit verdient es, verteidigt zu werden, um so mehr sie zur Selbstverständlichkeit wird. Unter den verschiedenen geschichtlichen Indikatoren für die Gefährdung der Freiheit ist die Geringschätzung der Freiheit als Selbstverständlichkeit und die Verwirrung um ihre Bedeutung zu allen Zeiten Anfang ihrer Aufhebung gewesen.

16. Die Freiheit kann nur verteidigt werden, wenn sie als oberstes Prinzip vor allen anderen steht, im Sinne des kategorischen Imperativs nach Kant. Wesentlich aus diesem Grunde ist der Begriff der äußeren Freiheit negativ und streng formal gefaßt, weil darin die Freiheit keinen Zwecken untergeordnet ist. Wie der einzelne Mensch Zweck in sich selbst ist und niemals vollständig Mittel der Zwecke eines anderen, so ist auch seine Freiheit Zweck in sich selbst.

17. Jedes nicht gesprochene und nicht geschriebene Wort über die Freiheit ist im Sinne dieser Ausführungen ein Beweis der Unfreiheit des Menschen und darin ein stumm bleibendes Zeugnis des Verstoßes gegen die Regeln der Gerechtigkeit.

FREIHEIT, DAS UNVERZICHTBARE UND UNABDINGBARE MITTEL

von MANUEL PETERS

Die vielleicht grundlegendste Frage der Philosophie ist die nach dem Sinn des Lebens.

Diese Frage kann durch die Berufung auf idealistische Gedankenkonstrukte nicht sachgerecht beantwortet werden, da der Rückzug auf solche abstrakten Begrifflichkeiten stets die Gefahr birgt, die Wahrnehmung der Realität zugunsten des jeweiligen Ideals zu verzerren oder sie gar komplett zu ignorieren. Wo dies geschieht, wird das Ideal zum Wahn.

Aus diesem Grund können weder Freiheit noch Gleichheit als in sich normative Werte angenommen werden.

Der Sinn des Lebens kann nur im Leben selbst gefunden werden, und zwar durch nüchterne Betrachtung der uns zugänglichen Realität. Dabei ergibt sich der simple Befund, dass alle Lebewesen, von der Bakterie bis hin zum Menschen, dieselben grundlegenden Ziele haben: Sie wollen ihr Wohl mehren, ihr Wehe vermeiden und ihr Überleben sichern, indem sie ihr eigenes Leben bewahren und ihre Gene weitergeben. Beim Menschen als kulturfähigem Wesen tritt noch die Besonderheit hinzu, dass er auch die kulturellen Informationen weitergeben will, deren jeweiliger Träger er ist.

Der Sinn des Lebens ist also, dieses eine Leben zu genießen, das eigene Überleben sowie das unserer Nachkommen zu sichern und unsere kulturellen Überlieferungen zu tradieren. Doch um das tun zu können, benötigen wir Wohlstand als Rahmenbedingung. Wohlstand ist der Überfluß an materiellen und immateriellen Gütern, die geeignet sind, unser Überleben sicherzustellen.

Die Empirie zeigt wiederum, dass unter allen denkbaren Optionen eine politische Ordnung, die den Menschen persönliche und wirtschaftliche Freiheit einräumt, mit Abstand am effektivsten darin ist, Wohlstand bereitzustellen.

An dieser Stelle wird der Wert der Freiheit unmittelbar ersichtlich: Sie ist das unverzichtbare und unabdingbare Mittel zum Zweck, um ein qualitativ hochwertiges Leben zu ermöglichen.

POSITIVE UND NEGATIVE FREIHEIT

von DIETRICH ECKARDT

Freiheit ist ein wohlklingendes Wort. Es ist in aller Munde. Es gibt Leute, für die ist Freiheit das höchste Gut. Das lassen sie sich einiges kosten. Sie nehmen dafür Unannehmlichkeiten in Kauf. Für andere ist sie eine unerfüllte bzw. unerfüllbare Sehnsucht. Diese Sehnsucht werden sie ihr Leben lang nicht los. Wenn ich hier von Freiheit handle, geht es nicht bloß um so etwas wie „Gedankenfreiheit". Die Gedanken sind eh frei. Es geht um die Freiheit des Ich in seinem Wirken und Handeln.

Nun wird das Wort „Freiheit" gewöhnlich nicht etwa so verstanden, als sei damit ein unbändiges Draufloslebendürfen gemeint. Vielen bedeutet es allerdings – um nur einen Freiheitsaspekt herauszugreifen: frei sein von jederlei unnatürlicher bzw. ungerechtfertigter Nötigung. In diesem Sinne will wohl jeder als freier Mensch leben können. Das will er nicht nur in Bezug auf seine private, sondern auch und ganz besonders in Bezug auf seine politische Gesellschaftlichkeit.

Die Freiheit in Form einer Robinson-Romanze ist nicht ausgeträumt. Dennoch wissen wir – oder könnten es wissen –, dass eine Menschengesellschaft Freiheitsträume à la Robinson nicht mag. Der absolut Freie – allein auf der Insel – das passt nicht in das gehörige Bild von Zivilisation. Freie Gesellschaft definiert sich ja gerade dadurch, dass es dort neben dem nach Freiheit dürstenden Ich immer auch ein Du gibt – mit gleichem Durst. Das Ich wird seine Gesellschaftlichkeit vernünftigerweise so entwickeln und einrichten müssen, dass das Freiheitsstreben auch des Du darin berücksichtigt wird. Selbst Robinson hatte dies nach Ankunft seines Mitbewohners lernen müssen. – Die Berücksichtigung der Freiheit des Du gilt auch für ein solches Ich, das eine Machtposition gegenüber dem Du innehat. Dem ist vor allem bei gesellschaftspolitischen Überlegungen Rechnung zu tragen.

In einem neueren Freiheitsbuch (Detmar Doering, Traktat über Freiheit, 2007) spricht der Autor von der Gefährdung der Freiheit durch „begriffliche Beliebigkeit". Dem ist nur zuzustimmen. Leider beseitigt auch dieser Autor das Dilemma nicht. Und selbst unter den vehementesten Fürsprechern der Freiheit ist ein gewisser Freiheitsanalphabetismus nicht zu übersehen. Das zeigt sich vor allem darin, dass der Begriff der Freiheit nahezu überall nur als „Freiheit von …" verstanden wird bzw. von Vielen überhaupt nur so intellektuell erfasst werden kann. Selbst ein so liberaler Denker wie Friedrich August von Hayek macht da keine Ausnahme (Die Verfassung der Freiheit, 1971; Recht, Gesetzgebung und Freiheit, 3 Bände. 1980f; Der Weg zur Knechtschaft, 1991).

Die „Freiheit von …" wird auch als „negative" Freiheit bezeichnet. Sie heißt negativ, weil damit das Nichtvorhandensein, die Abwesenheit von etwas ausgesprochen sein soll. Negative Freiheit meint die Freiheit von Kultur- und Naturzwängen aller Art, z. B. auch von Bedürfnissen, von Eigenschaften, von Potentialen, von Schicksalsschlägen, insbesondere und vor allem als Freiheit im Sinne der „Unabhängigkeit von eines anderen nötigender Willkür" (Immanuel Kant).

Nun gibt es in unserer Lebenswelt auf Freiheit hindeutende Phänomene, die mit einem Freiheitsbegriff, der Freiheit nur als „negative" erfasst, nicht zu erklären sind. Von Freiheit spre-

chen wir nämlich auch, wenn wir sie als Rechtsprinzip meinen
(Allgemeinheit, Gleichheit und – eben auch Freiheit - als die
drei Prinzipien des Rechts!). Das Rechtswesen kann nicht um-
hin, die Existenz von Freiheit – als Freiheit des Willens – bei
seinen Entscheiden vorauszusetzen. Ein Richter muss bei der
Frage nach der Eigenverantwortlichkeit des Täters unterstel-
len, dass dieser die Freiheit hatte, auch anders zu handeln.
Denn nur unter der Bedingung, dass sich jemand so, aber auch
anders hätte verhalten können, kann ihm die Verantwortung
bzw. die Schuld für eine Tat zugesprochen werden (im Sinne
von: Ursache-Sein für …). Dieses Phänomen ist mit einem
bloß negativ gefassten Freiheitsbegriff nicht zu erklären.

Schon Kinder haben ein waches Gefühl für die Freiheit im
Zusammenhang mit der Ursächlichkeit ihrer Taten. Das führt
immer wieder zu heftigem Abstreiten und zu lautstarken ge-
genseitigen Schuldzuweisungen, wenn in einer Kindergruppe
von den Erwachsenen Aufklärung über die Ursache einer
Missetat (Fußball in der Fensterscheibe) verlangt wird. Kinder
sind demnach durchaus in der Lage, sich selbst als Quell für bestimmte Handlungsabläufe zu sehen (obgleich sie diesen Zusammenhang noch nicht bewusst erfassen). Sie spüren sehr
wohl, dass sie die Freiheit haben, schädigende Handlungen zu
unterlassen. Auch dieses Phänomen ist vor dem Hintergrund
eines nur negativ gefassten Freiheitsbegriffs nicht zu erklären.

Um den Begriff der Freiheit einigermaßen phänomen-
adäquat zu verdeutlichen und vollständig zu explizieren, dazu
diene ein kurzer Rückblick auf die Begriffsgeschichte. Dabei
zeigt sich, dass über Freiheit schon vor über zweihundert Jah-
ren mit einer Präzision und vor allem mit einer Radikalität
nachgedacht wurde, die manchem von uns angesichts der da-

raus zu ziehenden Schlüsse unheimlich erscheinen mag. – Werfen wir also einen Blick auf die klassischen Freiheits-Schriften, hier insbesondere auf die Schriften Immanuel Kants (Kritik der reinen Vernunft, Kritik der praktischen Vernunft, Grundlegung zur Metaphysik der Sitten).

Bei Kant erscheint der Freiheitsbegriff klar definiert. Nach ihm ist Freiheit zwieschichtig. Er unterscheidet ausdrücklich (und wohl als erster) eine „negative" von einer „positiven" Freiheit. – Freiheit begegnet uns nämlich nicht nur als Freiheit von … („negativ"), sondern noch in einem ganz anderen Sinne, nämlich in Form der „Kausalität eines Willens", eben als „positive" Freiheit. Kant fasst die „positive" Freiheit als „das Vermögen, eine Begebenheit selbst anzufangen", als diejenige Form der Kausalität, die „unabhängig von fremden sie bestimmenden Ursachen wirkend sein kann". – Dabei geht es also nicht um die Freiheit des Denkens, sondern um die Freiheit des Wirkens, des Handelns, also um die Freiheit zu … Kant bemerkt dazu, dass der für uns alle so leicht fassliche negative Freiheitsbegriff zwar notwendig, aber für die Aufklärung des Wesens der Freiheit unfruchtbar sei. Hierzu müsse man den „positiven" Freiheits-begriff ins Auge fassen. Nur die „positive" und nicht die „negati-ve" Freiheit ist es, bei der sinnvoll gefragt werden kann, inwiefern sie „mit jedes anderen Freiheit … zusammen bestehen kann." Für das umfängliche Verständnis des Freiheitsbegriffs verweist Kant mehrfach auf die „positive" Freiheit.

Oft wird gegen die positive Freiheit eingewandt, dass sie nirgendwo greifbar ist. In der Tat ist sie im Gegensatz zur ne-gativen (z. B. frei von Diktatoren oder frei von lästigen Insek-ten) materiell und physisch nicht festzumachen, jedenfalls nicht im Sinne eines empirisch Fassbaren. Freiheit lässt sich nicht anfassen, auch wenn einige Wissenschaftler dies zu meinen scheinen, wenn sie mit hochkomplizierter Gerätschaft nach der Freiheit in unseren Köpfen suchen. Freiheit ist nur in ihren Auswirkungen zu spüren. Sie ist insofern (in der Reflexion) durchaus „erkennbar" (Kant), wenn auch nicht erfahrbar. Kant schlägt die Freiheit deshalb dem „intelligiblen" (rein geistigen, „übersinnlichen") Bereich unserer Existenz zu. Dieser ist uns zwar nicht erfahrungsmäßig (also als zeitliche und räumliche Erscheinung im Rahmen der Empirie) zugänglich. Aber er ist uns dennoch – allerdings einzig und allein als Aspekt unseres ebenfalls empirisch nicht fassbaren „reinen" Ich – erlebnismäßig durchaus präsent.

Wir erleben uns in der Reflexion als aus einem Personkern spontan agierende Wesen. Demzufolge messen wir uns – wie übrigens allen Lebewesen – ein Spontanzentrum als Ursprung unserer Aktivitäten zu. Aber nicht nur das: Wir erleben uns auch – und heben uns damit von der übrigen Lebewelt ab – hinsichtlich unseres Spontanzentrums als autonom. Das heißt, wir sehen uns als Herr über unsere Willensakte und Spontaneitäten (Kant: „Autonomie des Willens"). Diese Spontanautonomie ist gemeint, wenn von „positiver" Freiheit die Rede ist, jener Freiheit nämlich, uns in unseren Aktivitäten nicht nur von Objekten der Bedrohung (Zwang), Abstoßung, Anziehung oder gar der Organchemie gesteuert zu sehen, sondern von solchen Ursachen prinzipiell unabhängig zu sein, d. h. in unseren Handlungen einem eigenen Willen folgen zu können. Freiheit als Spontanautonomie ist „jedem Menschen kraft seiner Menschheit" eigen (Kant). Dieser Zusammenhang mag uns bewusst sein, oder – wie meistens – eben auch nicht.

Ich erlebe mich als autonomes Spontanzentrum und dieses ist zuweilen unterschiedlichen Zwängen ausgesetzt. Für die Gewährleistung meiner Spontanautonomie (positive Fr.) brauche ich die „negative" Freiheit. Ich brauche sie, um jener Raum zu geben, d. h. ungerechtfertigte Zwänge von ihr fernzuhalten. Die negative Freiheit ist – so gesehen – Mittel zum Zweck, nämlich zum Zweck der Verlebendigung der positiven Freiheit. Damit die eigentliche, nämlich positive Freiheit zum Zuge kommen kann, bedarf es der negativen. Die negative Freiheit ist lediglich Schutzherrin zur Entfaltung der positiven. Insofern ist die negative Freiheit stets die positive des Freiheitsschützers (z. B. einer aufgeklärten Staatsmacht). Kant nennt deshalb die negative Freiheit auch die „praktische", nämlich im Sinne einer ganz realen Grenzsetzung gegen ungerechtfertigte Freiheitseingriffe.

Wozu also – ist zu fragen, muss es negative Freiheit geben, wenn es keine positive gibt? – Die so oft als Heil beschworene, sogar emphatisch besungene negative Freiheit gründet in der positiven. Sie zerfällt ohne sie in Nichts. Es gibt also ein durchaus nacherlebbares Fundierungsverhältnis von positiver und negativer Freiheit. Die negative Freiheit ist umwillen der positiven, die somit „zuerst" ist. Positive Freiheit muss negative schaffen, um sich Raum zu geben.

Wir Menschen können zwar nicht erfahren, aber wir können dennoch auf dem Reflexionswege „erkennen" (Kant), dass und wie unsere ansonsten unfassbare Spontaneität Letztursache bestimmter physischer Kausalabläufe ist, z. B. anlässlich unserer Vertragsabschlüsse und Vertragserfüllungen. Bei denen ist nur unser Wille ursächlich. Dass wir derartige Ursächlichkeit „erkennen" können, befähigt uns, unsere Spontaneität gegebenenfalls auch zu zügeln und zu bremsen.

Kant betont, dass die positive („intelligible") Freiheit, so irreal sie uns auch erscheinen mag, jedenfalls eine „Möglichkeit der Kausalität" für den Realbereich darstelle. Sie wirkt sich in der Realität aus, ist allerdings als Realursache nirgends aufweisbar. Sie fungiert als „intelligible Ursache" (Kant) – für niemanden erfahrbar (im Sinne von Empirie), dennoch für jeden erleb- und erkennbar.

Die Phänomene Willensfreiheit und Entscheidungsfreiheit und das Phänomen des Ursache-Seins eines Ich für bestimmte Realabläufe (z. B. eigenmächtige Festlegung von Rechten und Pflichten bei Vertragsabschlüssen) bleiben bei der Beschränkung des Freiheitsbegriffs auf die nur „negative" Freiheit unverständlich.

Die Willensfreiheit ist zwar eine „Möglichkeit der Kausalität" (Kant) für den Realbereich. Jedoch ist jede Warum-Frage zurück hinter die Kausalität eines „Ich will" unsinnig. Man macht zwar immer wieder redliche Rechtfertigungsversuche für das eigene Wollen. Aber eigentlich kann die diesbezügliche Warum-Frage nur immer aufs Neue mit den vier Worten „Weil ich es will" sinnvoll beantwortet werden. Der Regressus des Ursächlichen hat hier sein Ende. Viele Erwachsene beispielsweise neigen dazu, anlässlich ihrer Willensbekundungen ihren Kindern gegenüber auf deren Warum-Fragen langatmige Erklärungen abzugeben. Sie getrauen sich nicht, die wahre Begründung, nämlich: „Weil ich es will!", in aller Deutlichkeit und ohne weitschweifige Diskussion auszusprechen. Kinder haben ein sehr feines Gespür dafür, dass sich hier ein Persönlichkeits- bzw. Authentizitätsdefizit verbirgt. Sie lernen daraus schnell, wie sie künftig ihrem Willen lauthals Gehör verschaffen können.

Aus all dem ergibt sich: Das Ich ist zwar der Freiheit teilhaftig. Aber Freiheit ist keine Eigenschaft des Ich in dem Sinne, in dem wir von dinglich fassbaren Eigenschaften sprechen. Das Ich selbst lebt in der Freiheit, obwohl es und dessen Freiheit als reale Erscheinungen nicht zu fassen sind. (Bei Kant findet sich übrigens die interessante Bemerkung, dass, wenn Erscheinungen Dinge an sich selbst wären, „Freiheit nicht zu retten" sei.)

Von Willensfreiheit zu sprechen, ist inzwischen vielfach obsolet, selbst innerhalb der verbeamteten Wissenschaft. So musste es am Ende dahin kommen, dass angesehene Vertreter dieses Lagers, z. B. die Neurologen Hans Markowitsch, Eckart Voland oder David Eagleman, aus ihren ohne Zweifel interessanten empirischen Untersuchungsergebnissen den Schluss ziehen: Willensfreiheit sei eine bloße Illusion. Markowitsch treibt seine Auffassung sogar derart auf die Spitze, dass er die Juristen auffordert, ihre gesamte Strafrechts-Theorie und Strafrechts-Praxis in seinem Sinne umzumodeln.

Abschließend sei noch auf einen ganz wesentlichen Aspekt der positiven Freiheit aufmerksam gemacht, den wir bereits bei Immanuel Kant in wünschenswerter Klarheit erörtert finden. Kant bezeichnet und begreift die positive Freiheit u. a. auch als „Eigenschaft des Willens, sich selbst ein Gesetz zu sein": Freiheit als Freiheit zur Selbstgesetzgebung. Dass Kant den Begriff der Freiheit mit der Selbstgesetzgebung in Verbindung bringt, ist von außerordentlicher Bedeutung für das volle Verständnis der positiven Freiheit und ihrer Auswirkungen auf das Rechtswesen und auf die Moral. Denn hier wird erkennbar, wie sie sich konkret realisiert. Und erst jetzt werden Erscheinungen erklärlich, die wir überall täglich beobachten, aber in die von uns verstehbaren Naturkausalitäten nicht einordnen können, z. B. das Zustandekommen von Vereinbarungen und Verträgen. Hier finden freiwillige und autonome Setzungen („Gesetze“) von Rechten und Pflichten ohne Rückgriff auf Naturursachen statt. Diese sind dann allerdings ursächlich für bestimmte physisch fassbare Handlungen: z. B. Vertragserfüllungen. Im Abschluss und in der Erfüllung von Verträgen dokumentiert sich eine Handlungskausalität, die mit Naturkausalität nichts zu tun hat. Sie entspringt nirgendwo sonst als im Willen der Menschen. Kraft seiner Willensfreiheit (Freiheit im „positiven“ Sinne) ist der Mensch der Möglichkeit nach „nur seiner eigenen und dennoch allgemeinen Gesetzgebung unterworfen“ (Kant).

In den Schriften des oft (sogar von seinen Anhängern) verkannten Max Stirner ist der Gedanke der Selbstgesetzgebung wieder aufgegriffen (z. B. in: Der Einzige und sein Eigentum), und zwar in seiner reinsten Form und ganzen Vehemenz. Stirner hat uns allerdings einen anderen Weg gewiesen, wie sich ein Zusammenleben von Freien – bei radikalem Bekenntnis zu einer vollen individuellen Freiheit – vernünftig einspielen kann, mit am Ende aber dem gleichen Ergebnis wie bei Kant. Ich werde an späterer Stelle auf den vor allem für die politische Gesellschaftlichkeit äußerst brisanten Gedanken der Selbstgesetzgebung zurückkommen.

Der Begriff der positiven Freiheit wurde viele Jahrzehnte nach Kant von einigen „Denkern von Gewerbe“ (Kant) völlig umgedeutet, d. h. mit einem ganz anderen Sinn belegt. Sie gehen von der Frage aus: „Was ist Freiheit für jene, die sie nicht nutzen können? Worin besteht der Wert einer Freiheit, wenn angemessene (materielle) Voraussetzungen zu ihrem Gebrauch nicht vorhanden sind?" (Isaia Berlin, 2006) Was nützt mir meine Freiheit (die negative), wenn ich nicht die Ressourcen habe, die Freiheit auch (positiv) zu leben? – Eine sich frei nennende Gesellschaft muss erst einmal für jeden die materiellen Bedingungen schaffen, die zum Genuss eines „freien Lebens" erforderlich sind. Sie muss den Begriff Freiheit mit „positiven Inhalten" füllen. – Die ursprüngliche kantische Begriffsfassung der positiven Freiheit ist hier völlig außer Sicht geraten. Der neue Denkansatz in Bezug auf die nun fälschlich sogenannte „positive" Freiheit wurde von bestimmten Interessenvertretern in Politik und Gesellschaft gern aufgegriffen zur Rechtfertigung von Umverteilungsideologien jeglicher Art.

Bei einigen durchaus liberal Gesinnten ist es üblich geworden, den Begriff der Freiheit nur negativ zu fassen: als „Freisein von … " (z. B. von Zwängen). Nach den seltsamen Auslassungen über eine nur sogenannte „positive Freiheit" in den letzten Jahrzehnten ist dies zwar verständlich, aber nicht hilfreich. Dies erst recht nicht, wenn so berühmte Freiheitsapologeten wie Ludwig von Mises und Friedrich August von Hayek diesen Standpunkt vertreten: der Existenz einer nur negativen Freiheit. Ich verstehe sehr wohl die Motive, die die Letztgenannten zu ihrer Auffassung brachten. Aber die von uns durchaus subjektiv erleb- und erkennbare - wenn auch nicht (im Sinne von Empirie) erfahrbare – („positive") Willensfreiheit oder die Entscheidungsfreiheit sind damit nicht erfasst. Der Aspekt der „positiven" Freiheit aber ist der Kern des Freiheitsbegriffs!

Der Beitrag ist ein Vorabdruck aus dem noch erscheinenden Buch „Die freie Gesellschaft und ihre Politik".

NACHWORT

Für die Freiheit ist kein Preis zu hoch.
Sie ist der Atem des Lebens.
Was würde ein Mann nicht geben
um den Preis seines Lebens?

MAHATMA GANDHI

Die Freiheit wurde über alle Zeiten und Länder, Völker und Kulturen, Geschlechter und Lebensalter hinweg unter großen Opfern erkämpft und verteidigt. Selbst die schlimmsten Unterdrückungsregime haben niemals Unfreiheit als Wert propagiert, weil jeder Mensch sich danach sehnt, frei zu sein.

Dennoch wird noch überall auf der Welt die Freiheit in verschiedenen Formen und Graden eingeschränkt:

- indem Selbstbestimmung verweigert wird,
- indem in das Eigentum der Bürger eingegriffen wird,
- indem das Leben bedroht wird.

Auf offensichtliche Weise sind davon die Menschen betroffen, die in Diktaturen leben. Weniger wahrnehmbar geschieht diese Einschränkung in Ländern, die nach außen hin wie demokratische Staaten erscheinen. Schließlich wird aber auch in unserem eigenen Land jeden Tag in die Freiheit eingegriffen.

Freiheit ist kein Zustand, den man ein für allemal herstellen kann. Um Freiheit muss täglich gerungen werden. Am Tag der Freiheit haben wir dafür Zeichen gesetzt. Wir möchten Sie einladen, sich für die Freiheit einzusetzen – gerne auf ganz alltägliche Weise. Schließlich geht vom Alltäglichen eine große Wirkung aus. Zudem gehört das Alltäglich-Praktische wesentlich zur Arbeit des Freiheitswerks.

Das Freiheitswerk (http://freiheitswerk.org/) ist eine junge Freiheitsinstitution mit Sitz in Berlin, deren Motto *Freiheit leben!* lauten könnte. Die Arbeit des Freiheitswerks besteht aus drei Bausteinen:

Baustein 1: Information

- Informationsvermittlung zu existierenden Lösungen für eine freie Gesellschaft.
- Erstellung von fehlenden Informationen und Lösungen.

Baustein 2: Vernetzung

- Bereitstellung von Netzwerken, die den Prinzipien des Freiheitswerks entsprechen.
- Ausrichtung von Konferenzen und anderen Veranstaltungen zum Thema Freiheit.

Baustein 3: Aktion

- Bereitstellung von Organisationen und Strukturen, die Selbstbestimmung und freiwilligen Austausch ermöglichen.
- Förderung der Anwendung der Freiheitswerksprinzipien bei Institutionen, die davon abweichen.

Im ersten Jahr der Gründung vereint das Freiheitswerk bereits eine Reihe von freiheitsschaffenden Projekten unter seinem Dach. Dazu zählen unter anderem

- die **Freiheitsfreunde** (http://freiheitsfreunde.net/), die lokal im deutschsprachigen Raum Veranstaltungen durchführen, bei denen sich Freunde der Freiheit kennenlernen können,

- neben der Organisation des **Tags der Freiheit** am 17. Juni (http://tag-der-freiheit.org/) die „**Große Freiheit**", (http://grossefreiheit.info/), eine Konferenz, deren zweite Auflage zum Zeitpunkt der Drucklegung in Vorbereitung ist,

- das internationale Kooperationsprojekt „**Price of the State**", das die Auswirkungen der Staatstätigkeit auf den Bürger transparent macht,

- der Aufbau von Kompetenzzentren zu Themen wie z.B. „**Bildung**", „**Geld und Geldpolitik**", „**Freiheit und Religion**" und „**Umweltschutz**" (http://freiheitswerk.org/themen/).

Die Mitarbeiter des Freiheitswerks schaffen im Rahmen dieser Projekte Inseln der Freiheit, die kontinuierlich vergrößert werden. Auf dieser Basis sollen in Zukunft praktische Projekte aufsetzen, die bestehende Beschränkungen abschaffen, das Prinzip Zwang durch das Prinzip Vertrag ersetzen und so Stück für Stück zu einer freieren Gesellschaft beitragen.

www.ingramcontent.com/pod-product-compliance
Lightning Source LLC
Chambersburg PA
CBHW051359250726
48656CB00006B/2163